글 **이영주**

출판사에서 어린이 책을 만들기도 하고, 어린이 과학 잡지 기자로 일하기도 하다가, 지금은 독일에서 과학을 공부하고 있어요. 조금 창피한 일이지만, 스무 살이 되어 혼자 살기 전까지는 쓰레기가 어디로 어떻게 가는지 전혀 몰랐어요. 쓰레기를 검은 비닐봉지에 넣어 밖에다 버리면 끝나는 줄 알았어요. 그 뒤 거의 스무 해 동안 생활하면서 갈고 닦은, 쓰레기 잘 버리는 방법을 알려 주고 싶어서 이 책을 썼답니다. 쓴 책으로는 『옥수수왕 납시오!』 『구름은 말썽쟁이』 『나는야 운석 사냥꾼』이 있습니다.

그림 **김규택**

쓰레기 분리수거를 할 때마다 일반 쓰레기인지 재활용 쓰레기인지 헷갈렸는데, 이 책을 작업하면서 많이 알게 되었어요. 재활용도 더 신경 쓰고 그보다 먼저 생활 속에서 쓰레기를 줄이고 일회용품을 쓰지 않으려고 노력하고 있습니다. 쓰고 그린 책으로 『세상에서 가장 큰 가마솥』 『옛날 옛날』이 있고, 『공룡개미 개미공룡』 『와우의 첫 책』 『라면 먹는 개』 등 여러 어린이 책에 그림을 그렸습니다.

★자신만만 생활책★

재활용 쓰레기를 다시 쓰는 법

2020년 4월 3일 1판 1쇄

ⓒ이영주, 김규택, 곰곰 2020

글 : 이영주 | 그림 : 김규택 | 기획·편집 : 곰곰_전미경, 안지혜 | 디자인 : 권석연 | 편집관리 : 그림책팀
제작 : 박홍기 | 마케팅 : 이병규, 이민정, 최다은 | 홍보 : 조민희, 강효원 | 인쇄 : (주)로얄프로세스 | 제책 : 책다움
펴낸이 : 강맑실 | 펴낸곳 : (주)사계절출판사 | 등록 : 제406-2003-034호
주소 : (우)10881 경기도 파주시 회동길 252
전화 : 031)955-8588, 8558 | 전송 : 마케팅부 031)955-8595 편집부 031)955-8596
홈페이지 : www.sakyejul.net | 전자우편 : picturebook@sakyejul.com
독자카페 : 사계절그림책 cafe.naver.com/skjpicture
페이스북 : facebook.com/sakyejulpicture | 트위터 : twitter.com/sakyejul
블로그 : skjmail.blog.me | 인스타그램 : sakyejul_picturebook

값은 뒤표지에 적혀 있습니다. 잘못 만든 책은 구입하신 서점에서 바꾸어 드립니다.
사계절출판사는 성장의 의미를 생각합니다. 사계절출판사는 독자 여러분의 의견에 늘 귀 기울이고 있습니다.

ISBN 979-11-6094-656-7 74370 ISBN 978-89-5828-445-1 74370(세트)

이 책의 국립중앙도서관 출판예정도서목록(CIP)은 다음 홈페이지에서 이용하실 수 있습니다.
http://seoji.nl.go.kr CIP제어번호:CIP2020009677

자신만만 생활책

재활용
쓰레기를 다시 쓰는 법

이영주 글 ★ 김규택 그림

사계절

어디에다 버릴까

쿵쿵, 어디선가 수상한 냄새가 나. 부스럭부스럭 소리도 나.
범인은 바로 쓰레기가 가득 든, 검은 비닐봉지!
이걸 빨리 갖다 버려야겠어.

이 냄새나는 골칫덩이를 어디에다 버릴까?

쓰레기를 꼭 버려야 할까

쓰레기를 지구 밖 우주에 버리면 어떨까?
우주에는 냄새난다고 투덜댈 동물도 없고,
쓰레기를 먹이로 착각할 거북이도 없고.
우주는 아주 넓은 곳이니까
우리가 쓰레기를 버려도 별 티가 안 날 거야.

우주 밖으로 나오는 게 이렇게 힘들 줄이야!

외계인이 투덜대는 거 아냐?

우주로 뭘 날려 보내는 일은 너무 돈이 많이 들어!

땅에도 바다에도 우주에도 버릴 수 없다니.
설마 이 냄새나는 봉지를
우리 집에 쌓아 둘 수밖에 없는 거야?

그러다가는 우리 집이 금세 쓰레기로 가득 차 버릴 거야.
그건 너무 끔찍하지.
그런데 말이야, 쓰레기를 꼭 버려야만 할까?
내가 떠올린 방법은 바로 쓰레기를 다시 쓰는 거야.
어려운 말로 재활용! 우리랑 같이 방법을 찾아보자.

우리가 누구냐고?

댕댕이
냄새를 잘 맡고 힘이 센 누나.

동동이
만들기를 좋아하는 동생.

그리그 쓰봉이
댕댕이네 집에서 나왔다고 주장하는 정체 불명의 커다란 검은색 비닐봉지. 주변에 날파리가 돌고 고릿한 냄새도 난다.

치즈
캔에 든 참치 간식을 가장 좋아하는 고양이.

나도 나와!

재활용을 원하면

어디에다 버릴까   2

쓰레기를 꼭 버려야 할까   4

쓰레기봉투를 열어 보자   8

신비로운 마크를 찾아라   10

팔랑팔랑 종이 골라내기   12

 재생 종이를 만들자   14

차라리 종이를 아껴 쓰자   16

땅땅 캔과 깡깡 고철 골라내기   18

캔, 어디로 가니   20

 튼튼 깡통으로 동물 정리함 만들기   22

반짝반짝 유리 골라내기   24

무한 변신 플라스틱과 페트병 골라내기   26

 쓰레기로 아름다운 소리 만들기   28

이곳을 지나라!

냄새의 주범, 음식물 쓰레기를 골라내자   30

 지렁이 농장을 만들자   32

낡은 휴대폰과 컴퓨터 광산에서 보물을 캐자   34

새 주인을 찾아 주자   36

망가진 물건을 고쳐 쓰자   38

부스럭부스럭 비닐 골라내기   40

 재활용 정원을 만들자   42

그냥 버리면 큰일 나   44

정말 버려야 하는 쓰레기   46

쓰봉아, 안녕   48

물건을 사기 전에 버리는 일 생각하기   50

쓰봉의 모험

쓰레기봉투를 열어 보자

쓰레기 중에 다시 쓸 만한 게 있을까?
그나저나 이 쓰레기봉투가 어찌나 무거운지 여기까지 들고 오느라 정말 힘들었어.
우리 집에서 나온 일주일 치 쓰레기는 대체 얼마나 될까?

일주일 동안 쌓인 게
이렇게 많은데 한 달 치가
모이면 얼마나 많을까?

대체 무엇이 들었길래 이렇게 무거울까?
겁은 좀 나지만 무엇이 있는지 알아야
다시 쓸 것을 찾을 수 있겠지.
자, 심호흡하고, 몸과 마음의 준비가
됐다면 열어 보자.

쓰봉이 속에 있는 것들

쓰레기란 코 푼 휴지나 화장실 휴지, 먹다 남은 치킨 뼈처럼 냄새나고 더러운 것들만 말하는 게 아니야. 이제 작아져서 안 입는 유치원 때 옷, 먼지 쌓인 동동이의 트리케라톱스 모형, 어릴 때 타던 세발자전거같이 쓰지 않은 채로 버려둔 물건들도 쓰레기야. 쓸모를 잃은 채 잠자고 있는 물건들 말이야.

신비로운 마크를 찾아라

쓰레기 중에는 다시 쓸 수 있는 것들이 분명 있어. 다시 쓸 수 있는 물건에는 신비로운 마크가 찍혀 있어. 삼각형을 이루고 있는 세 개의 화살표를 찾아봐!

이 화살표가 붙어 있는 쓰레기는 우리가 따로따로 모아 버리는 마법을 부리기만 한다면 다시 쓸 수 있는 물건이 돼.

팔랑팔랑 종이 골라내기

종이를 먼저 찾아보자. 헷갈린다면 이 표시 가 있는지 없는지 살펴보면 돼.

다시 쓸 수 있는 종이를 골라내기가 좀 어렵긴 하지.
하지만 종이를 어떻게 다시 쓰는지 알게 되면 마음이 좀 달라질걸?

우리가 모은 종이를 싣고 가서

물을 넣고 죽으로 만들어서

종이 재생 공장

나도 저렇게 반짝반짝 깨끗해질 수 있을까?

와!

꾹꾹 눌러 물을 짜내고 얇게 펴서 말리면 다시 종이가 돼!

특별한 화학 물질들을 넣어서 종이에 쓰여 있는 글자와 그림들을 지우고

그런데 저 종이 죽 속에 똥, 콧물, 비닐이나 철로 된 스프링이 들어가면 어떻게 되겠어? 냄새 나는 종이, 스프링이 삐죽 튀어나온 종이가 되고 말 거야. 그러니 꼭꼭 종이만 차근차근 모아서 바람에 날아가지 않도록 노끈 같은 걸로 잘 묶어서 내놓는 게 좋아.

으, 냄새!

재활용품을 내놓는 곳과 요일이 동네마다 다르니 꼭 확인하자.

재생 종이를 만들자

집에서도 종이를 만들 수 있어. 우리 손으로 종이를 만들어 보자.
공장에서 종이를 만드는 과정과 크게 다를 것 없어.
직접 종이를 만들어 보면서 종이 재활용 공장에서 일어나는 일을 상상해 보자!

준비물
- 신문지
- 우유 팩
- 믹서
- 아주 큰 그릇
- 바닥이 평평한 체 또는 그물망
  (액자 틀에 방충망이나 헌 스타킹을 씌워 만들 수 있어.)
- 가제 손수건 2장
- 다리미

1 신문지나 우유 팩을 잘게 잘라. 우유 팩은 쓰기 전에 꼭 물에 불린 다음 안팎의 필름을 벗겨 내고 써야 해.

★★★ 어떤 종이를 쓰느냐에 따라 종이 색이 달라져. 신문지로 만들면 회색 종이, 우유 팩으로 만들면 하얀 종이가 돼.

2 잘게 자른 신문지나 우유 팩에 종이보다 1.5배 정도 많은 물을 부은 다음 믹서에 넣고 곱게 갈아.

★★★ 믹서가 없으면? 종이를 물에 하루쯤 담가 두었다가 방망이나 손으로 마구 누르거나 찢어도 돼.

3 흐물흐물해진 종이 죽을 큰 그릇에 담아. 이 그릇에 종이 죽의 열 배쯤 되는 양의 물을 부어.

이래서 아주 큰 그릇이 필요하구나!

4 종이 죽과 물을 잘 섞은 다음 체로 받쳐서 종이 건더기들을 건져.

5 신문지를 깔고 그 위에 가제 수건을 올려. 가제 수건 위에 종이 건더기를 털고 고르게 펼쳐.

"책은 역시 쓸모가 많군!"

★★★
다리미를 쓰기 겁난다고?
다리미 대신 두꺼운 책으로 평평하게 눌러 주고, 반나절쯤 꾹 눌러, 두었다가 말려도 돼.

6 이 위에 가제 수건을 덮고 다리미로 꾹꾹 눌러 다려.

★★★
코끼리 똥만!
코끼리 똥에는 종이의 재료가 되는 섬유질이 많아서 똥으로 종이를 만들 수 있어. 사람 똥, 고양이 똥으론 안 돼.

"고양이 똥은 안 된다고?"

코끼리 똥으로도 종이를 만들 수 있다

❶ 코끼리 똥을 햇볕에 잘 말려.
❷ 코끼리 똥을 하루 동안 삶아. 그러면 열 때문에 세균이 제거돼.
❸ 얇게 펴서 말려.

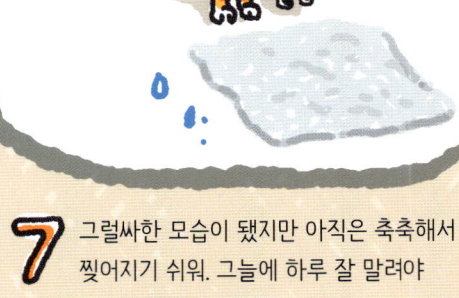

7 그럴싸한 모습이 됐지만 아직은 축축해서 찢어지기 쉬워. 그늘에 하루 잘 말려야 제대로 종이가 돼.

차라리 종이를 아껴 쓰자

아이고, 종이로 종이 만들기 정말 힘드네.
온 사방에 널려 있는 종이를 만들고 다시 쓰는 게 이렇게나 어려울 줄이야.
나무로 종이 만들기도 어렵고, 종이로 종이를 만들기도 어렵다면
종이를 조금만 더 아껴 쓰면 어떨까? 방법은 잔뜩 있어!

종이 더 쓰기

쓸 수 있는 종이는 더 쓰자

딱 두 장 남은 내 알림장, 세 장 남은 스케치북, 뒷면이 깨끗한 광고 전단지. 요런 종이들을 모아서 나만의 메모지를 만들자. 종이를 적당한 크기로 잘라서 집게로 집어 놓기만 해도 완성!

꽉꽉 채워 찍자

프린터로 인쇄를 할 때 여백을 좁게 조절하면 한 면에 더 많은 글자를 담을 수 있지.
한 면에 두 페이지나 세 페이지를 인쇄하는 모아 찍기 기능도 좋아.

종이 덜 쓰기

내 컵을 들고 다니자

외출할 때는 다시 쓸 수 있는 보온병이나 컵을 들고 다니자.

보온병은 따뜻한 건 계속 따뜻하게, 시원한 건 계속 시원하게 만들어 줘!

손수건을 쓰자

바깥에서 땀을 닦거나 손을 닦을 때 화장지를 많이 쓰게 돼. 손수건으로 바꿔 보자. 손수건은 예쁜 게 정말 많다.

땅땅 캔과 깡깡 고철 골라내기

이제 캔과 고철을 골라내 보자. 매끈매끈 반짝반짝 광택이 나는 것을 찾으면 쉬워.
그리고 헷갈릴 때는 언제나 생각해. 삼각형 재활용 마크!

찾아낸 캔과 고철 쓰레기

말랑한 캔과 딱딱한 캔

사이다 캔은 말랑말랑해서 아주 가볍고, 손으로 꾹 누르면 찌그러져. 꽁치 캔은 아주 단단하고 무거워. 말랑한 캔이랑 딱딱한 캔의 차이는 뭘까? 눈치 챘어? 말랑한 캔의 재활용 마크 아래에는 알루미늄이라고 쓰여 있고, 딱딱한 캔 아래에는 철이라고 쓰여 있지.

나 조금 가벼워진 것 같지 않아?

그래도 여전히 무겁고 거대한걸! 대체 또 뭐가 이렇게 들어 있는 거야?

바닥이 오목한 탄산음료 캔

콜라나 사이다 같은 탄산음료를 마시면 입 안에서 톡톡 터지는 느낌이 나지? 이 톡톡 터지는 느낌은 바로 탄산음료에 녹아 있는 이산화 탄소라는 기체 때문이야. 이산화 탄소를 녹이려면 아주 높은 압력이 필요해. 공장에서는 높은 압력을 가해서 탄산음료를 만들고 뚜껑을 달아 버려. 그러면 이산화 탄소가 점점 부풀어오르면서 캔 밖으로 나가려고 캔의 안쪽 벽을 밀어. 오목한 바닥은 이런 이산화 탄소의 힘을 분산시켜 주는 구조야.

왜 음식은 보통 철로 된 캔에 들어 있을까?

꽁치와 복숭아, 고양이의 간식 같은 음식물은 철 캔에 들어 있어. 그런데 이런 음식은 세균들도 엄청 좋아해. 우리가 먹기 전에 세균이 음식을 다 먹어 버리면 안 되겠지? 그래서 통조림 공장에서는 세균들을 죽이려고 뜨거운 열과 압력을 가해. 높은 열과 압력을 더 잘 견디는 건 바로 철이야. 그래서 음식물 캔은 철로 만들어. 알루미늄 캔에는 음료수가 들어 있지.

우산 살은 금속이지만 비를 막아 주는 부분은 천으로 되어 있지. 재활용할 수 있는 금속만 고철로 버리면 돼. 분리하기가 어렵다면 고철 상자에 그대로 넣어도 좋아.

음, 무거워도 내 소중한 간식을 보호하려면 철 캔이 제일이지.

망가진 우산

못 쓰는 냄비

낡은 프라이팬

뷰테인가스 캔은 구멍을 뚫어서 버리자

뷰테인가스 캔은 그냥 버리면 큰일 나. 안에 있는 뷰테인가스는 불에 닿으면 펑 터지거든. 버릴 때 안에 든 가스를 없게 해야 해. 뷰테인가스 통을 거꾸로 세운 뒤 꾹 눌러서 가스를 빼고, 또 구멍을 뚫어서 완전히 빼. 공기가 잘 통하는 곳에서 가스를 빼내야 해. 구멍을 뚫는 전용 도구도 있어. 하지만 알지? 이런 위험한 건 어른 찬스를 쓰는 것!

캔, 어디로 가니

철이랑 알루미늄 캔은 재질이 다른데 함께 버려도 될까?
종이와 종이 팩도 따로 버려야 한다며.
하지만 걱정 뚝! 철 캔이랑 알루미늄 캔은 꽤 쉽게 골라낼 수 있어.
비밀은 바로 자석! 철은 자석에 붙지만,
알루미늄은 붙지 않거든.

자석에 붙은 철

자석에 붙지 않는 알루미늄은

캔은 어떻게 될까?

네모난 모양으로 압축되어 재생 공장으로 이동

1500°C

1500도가 넘는 뜨거운 용광로에서 녹여 덩어리로 만들어.

튼튼 깡통으로 동물 정리함 만들기

양손으로 꼬옥 쥐어 봐도, 발로 꾹 눌러도 좀처럼 찌그러지지 않는 튼튼한 깡통,
우리도 직접 재활용할 수 있어. 튼튼한 깡통으로 내가 좋아하는 동물 모양 정리함을 만들어 보자.

캔을 고르고, 만들고 싶은 동물을 생각한다.

준비물
- 참치 캔, 옥수수 캔, 파인애플 캔, 꽁치 캔 같은 딱딱한 철 캔들
- 지점토
- 색종이
- 한지
- 털실
- 풀
- 셀로판테이프

내가 좋아하는 코끼리를 만들었어!

❶ 깡통 겉을 지점토로 감싸.

❷ 코끼리 하면 귀랑 코지! 지점토로 귀랑 코를 만-들어 붙여. 코를 너무 길게 만들면 뚝 부러지니까 욕심내지 말자!

❸ 다 마른 지점토에 색깔을 칠하면 예쁜 분홍 코끼리 정리 상자 완성!

나는 노란 병아리를 만들었다냥!

❶ 노란 색종이로 깡통의 몸통을 감싸.

❷ 병아리의 작고 귀여운 날개를 만들어 붙여.

❸ 사인펜으로 병아리의 부리와 눈을 꾸며.

나는 사자를 만들었어!

❶ 한-지로 커다란 깡통의 몸을 감싸.

❷ 색종이를 동그랗게 잘라서 얼굴을 그려.

❸ 사-자 하면 갈기 아니겠어? 털실을 얼굴 둘레에 붙여서 갈기를 만들어.

❹ 이 멋진 머리를 턱 하고 깡통에 붙이면 사-자 정리함 완성!

반짝반짝 유리 골라내기

제법 홀쭉해졌지만 여전히 묵직한 쓰봉이.
이번에는 유리를 골라내 볼 거야. 썩는 데 수천 년이나 걸리는 유리를
그냥 버리면 유리는 우리 자손의 자손의 자손의 자손의 자손의… 헉헉…
자손 때까지도 그대로 남아서 지구를 꽉 채워 버릴지도 몰라!

무겁지만 튼튼해

버리면 골칫덩이가 되지만 다시 쓰기에는 유리만 한 것이 없어!
여간해선 흠집도 나지 않고, 깨지지만 않는다면 씻어서 다시 쓸 수 있어.
그래서 슈퍼나 편의점에 가져가면 돈으로 바로 바꿔 준대. 우리가
슈퍼로 가져간 유리병은 공장에서 뽀득뽀득 아주 깨끗하게 닦아서
90번까지도 다시 쓸 수 있대.

넌 이게 몇 번째 세상 구경이니?

글쎄… 한 아홉 번째쯤?

유리병은 클수록 비싸다 →

작은 음료수 병
70원
190ml

소주병
100원
400ml

맥주병
130원
1000ml

커다란 주스 병
350원

여러 번 써서 다시 쓸 수 없게 된 흠집 투성이 유리병은 색깔 별로 나눈 다음에, 겉에 묻은 때를 씻고, 스티커도 뗀 다음에 잘게 부수어서 녹여. 유리는 아주 튼튼해서 웬만한 온도로는 안 녹지. 1500도나 되는 높은 온도에서 규사, 소다회, 석회석 등을 넣어 유리를 액체로 녹이면 이제 어떤 모습으로든 새롭게 변신할 수 있어.

이것만은 조심하자!

깨진 유리 조각은 안 돼!

깨진 유리 조각은 쓰레기봉투에 넣어서 버려. 그런데 유리 조각이 쓰레기봉투를 뚫고 나와서 사람이 다치는 일이 없도록 신문지나 종이로 잘 싸서 버려야 해. 커다란 유리가 깨졌다면 깨진 유리 전용 자루를 사서 버려야 해.

병 속에 쓰레기 넣지 않기!

주둥이가 작은 유리병은 쓰레기를 넣기는 쉽지만 뺄 때는 아니야! 이러면 씻어서 다시 쓰기 어려워. 그리고 미처 꺼내지 못한 쓰레기 조각들이 유리 조각들과 함께 용광로로 들어가면 불량 유리가 되고 말아.

뚜껑은 따로 모으자!

유리병의 뚜껑은 대부분 철이나 알루미늄으로 되어 있어. 유리병을 버릴 때는 뚜껑을 따로 버려야 해.

무한 변신 플라스틱과 페트병 골라내기

동동이도 들 수 있을 정도로 훨씬 가벼워진 쓰레기봉투. 하지만 여전히 커.
이제 몸집 크기로는 최고인 플라스틱과 페트병을 골라 보자.
가볍고 딱딱한데 알루미늄도 아니라면 아마도 플라스틱일 가능성이 높아.
어렵다면 언제나 찾아보자! 신비의 재활용 마크!

음료수 페트병

플라스틱 반찬 통

스티로폼
음식이 묻어 있다면 씻어서 내놓자.

노끈
(딱딱한 노란색 폴리프로필렌)

시디
어떤 데이터가 들었는지 꼭 확인해 보자. 우리 가족 사진이나 생일, 전화번호 같은 중요한 정보가 있을 수도 있어. 정말 쓸모 없는 정보라고 생각되면 다른 사람이 볼 수 없도록 가위로 잘라 버리자.

앗! 그 안에는 내가 대학교 때 찍은 사진들이 들어 있다고!

얘들아, 너희는 나랑 가자.

공작에 쓰고 남은 우드록 조각 스티로폼과 비슷해 보이지만 재활용할 수 없어.

잘하고 있군.

플라스틱은 어떻게 다시 쓸까

1 플라스틱과 섞여 있는 이물질들을 골라내.

2 플라스틱을 15cm 크기로 잘라.

3 자석을 이용해서 철을 골라내는 자력 선별기로 보내서 철을 골라내.

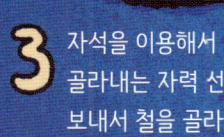
4 6cm크기로 잘라.

5 자력 선별기로 다시 철을 걸러.

6 자석으로도 거르지 못한 알루미늄 같은 물질을 골라내.

7 순수한 플라스틱 조각을 얻을 수 있어.

이렇게 만들어진 플라스틱을 뜨거운 열로 녹여서 옷감이나 장난감을 만들어.

미션 — 쓰레기로 아름다운 소리 만들기

쓰레기를 잘 골라서 버리면 종이도, 플라스틱도, 유리도 다시 만들 수 있지. 그런데 쓰레기로 아름다운 소리도 만들 수 있는 거 알아? 쓰레기로 멋진 악기를 만들어 보자.

요구르트 병으로 마라카스 만들기

준비물
- 플라스틱 요구르트 병: 뚜껑을 버렸다면 두꺼운 종이를 준비해.
- 고무줄
- 팥이나 콩, 모래나 자갈

1. 요구르트 병을 잘 씻어서 말려.

2. 팥이나 콩, 모래, 자갈을 적당히 넣어.

3. 요구르트 병의 뚜껑을 덮어. 뚜껑이 없다면 두꺼운 종이로 입구를 덮고 고무줄로 졸라매.

4. 신나게 흔들자!

유리병 실로폰 만들기

준비물: 주스 병, 물감, 숟가락

1 주스 병을 깨끗이 씻어.

2 주스 병에 물을 가득 넣고 숟가락으로 주스 병을 두들겨 봐.

3 주스 병에서 나는 소리가 '도' 음이 될 때까지 물을 조금씩 더 넣거나 덜어 내.

4 도 음을 찾았다면 더 높은 음들을 찾아볼 차례. 도 음을 내는 주스 병보다 물을 조금 덜 넣으면 더 높은 소리가 나. 물 양을 조절해서 '레' 음이 나는 주스 병을 만들어 보자.

5 물의 양을 조금씩 적게 하여 차례로 도, 레, 미, 파, 솔 소리를 내는 다섯 개의 병을 만들어.

6 물 높이가 결정되었으면 병마다 다른 색 물감을 넣어 예쁘게 꾸며.

7 '나비야'를 쳐 봐. 좀 더 다양한 노래를 연주하고 싶다면 라, 시, 도 음이 나는 유리병을 더 만들어.

냄새의 주범, 음식물 쓰레기를 골라내자

많이 홀쭉해졌지만 여전히 수상한 냄새가 나는 쓰봉이. 큰맘 먹고 냄새의 정체를 찾아봤어. 맙소사, 쪼글쪼글 사과 껍질, 시큼시큼 신 김치 조각, 생선 뼈야! 문제는 음식 찌꺼기들이었어! 이 냄새나는 골칫덩어리들을 대체 어떻게 처리할까?

진짜 음식물 쓰레기를 골라내자

다 냄새나는 음식 찌꺼기처럼 보이지만 나름 차이가 있어. 음식 찌꺼기 중에서도 씹으면 이가 아플 것 같은 것, 영양분이 없는 것, 위험해 보이는 것들을 따로 나누어서 진짜 음식물 쓰레기와 일반 쓰레기로 구분해 주자.

너희들은 일반 쓰레기야. 따라와.

호두 껍데기
생선 가시
닭 뼈
조개 껍데기
계란 껍데기
채소 이파리
복어 내장
옥수수 껍질
사과 속
조금 상한 식빵
사과 껍질

너희들은 이리로.

수박 껍질

음식물 쓰레기 버리는 법이 따로 있어!

★ 음식물 전용 쓰레기봉투에 넣어서 버려. 동네마다 봉투가 달라.

★ 아파트는 정해진 음식물 쓰레기통에 넣어서 버리기도 해.

그런데 음식물 쓰레기를 왜 이렇게 열심히 나눠야 해?

그건 이 냄새나는 음식물 쓰레기도 다 쓸 데가 있기 때문이지.

2 음식물 쓰레기에서 비닐 같은 것들을 골라내.

3 꼭 눌러서 물기를 빼.

1 음식물 쓰레기봉투를 수거해.

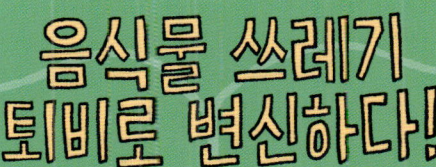
음식물 쓰레기 퇴비로 변신하다!

"15일이나 걸려."
4 따뜻한 탱크 속에서 미생물들의 도움을 받아 발효를 시켜.

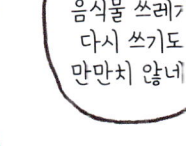
"어휴, 음식물 쓰레기 다시 쓰기도 만만치 않네!"

5 물기를 빼고 바깥에서 말려. 자연 상태에서 발효하게 해. 식물을 쑥쑥 자라게 하는 퇴비 완성!

음식물 쓰레기도 애초에 안 만드는 게 제일 좋아.
음식물 쓰레기를 적게 만들려면 어떻게 해야 할까?

냉장고를 잘 지켜보자!

우리나라 음식물 쓰레기 중 13%가 아예 먹지도 않거나 보관하다가 버리는 음식이라고 해.

★ 냉장고 안에 들어 있는 음식들의 목록을 적어서 냉장고 문에 붙여 놓기. 유통 기한을 함께 적으면 좋아.
★ 장 보러 가기 전에 미리 목록을 만들고 그만큼만 사 오기
★ 한 달에 한 번 우리 가족 모두 함께 냉장고 정리하는 날 만들기
★ 내용물이 잘 보이는 투명한 그릇 쓰기

먹을 수 있는 건 먹자!

★ 밥 남기지 말자.
★ 먹을 만큼만 담자.
★ 사과, 참외, 복숭아는 껍질까지 먹자.
(흐르는 물에 세 번 이상 씻어서 먹어. 베이킹파우더를 뿌린 다음 씻으면 더 깨끗해.)

미션 1 지렁이 농장을 만들자

종이나 캔처럼 음식물 쓰레기도 집에서 다시 쓸 수 있어. 하지만 음식물 쓰레기를 직접 다시 쓰려면 꼼꼼한 준비, 그리고 특별한 생물의 도움을 받아야 해. 음식물 다시 쓰기를 도와줄 특별 손님, 지렁이를 만나 보자.

준비물
- 지렁이
- 아주 큰 양파 망이나 가제 수건
- 흙이 든 화분이나 나무 상자

1 지렁이를 화분이나 나무 상자에 담아. 지렁이 집으로 가장 좋은 화분은 흙으로 만들어서 공기가 잘 통하는 토분이라고 해.

2 흙 위에 가제 수건이나 양파 망을 덮어 줘. 지렁이가 도망가는 것을 막고, 공기는 잘 드나들고, 초파리는 들어오지 못하게 하거든. 초파리가 음식 쓰레기에 알을 낳으면 구더기가 생길 수 있어.

3 어둡고 축축한 곳에 두고 지렁이들이 적응할 수 있도록 삼사일 기다리자. 갑작스럽게 이사 온 지렁이들이 적응하는 데 시간이 걸려.

4 일주일에 두 번쯤 지렁이가 좋아하는 음식물 쓰레기를 조금씩 펼쳐서 넣어 줘. 흙이 마르지 않게 분무기로 흙을 촉촉이 적셔 주자.

"지렁이는 피부로 숨을 쉬기 때문에 물이 너무 없으면 피부가 말라서 숨을 못 쉬어. 그렇다고 물이 너무 많으면 물속에 빠져 죽는대. 소중히 대해 줘!"

낡은 휴대폰과 컴퓨터 광산에서 보물을 캐자

아빠가 새 휴대폰으로 바꾸면서 내버려 둔 낡은 휴대폰은 플라스틱 쓰레기와 함께 버리면 될까? 우리 집 컴퓨터를 바꾸면서 먼지가 쌓인 채 잠들어 있는, 안 쓰는 컴퓨터도 플라스틱으로 버리면 될까?

안 돼! 낡은 휴대폰과 컴퓨터 속에는 지구상에 얼마 없는 귀하고 비싸고 그냥 버리기에는 아까운 금속들이 들어 있거든.

낡은 휴대폰의 회로기판 속에는 어떤 금속이 들어 있을까?

은	0.14%
카드뮴	0.01%
크롬	0.14%
철	0.01%
납	0.85%
아연	0.04%
팔라듐	0.01%
금	0.024%
구리	0.024%
리튬	5.89%
니켈	1.66%
스테늄	1.32%
백금	0.01%

(전체 무게 중 차지하는 비율)

금광석 1톤에서 금을 5그램 캘 수 있지만, 휴대폰 1톤에는 무려 400그램이 들어 있다고!

위험한 금속도 들어 있어

카드뮴과 납, 아연 같은 금속은 동물과 식물에게 해로워. 이런 위험한 금속이 땅이나 물로 흘러가는 것을 막기 위해서라도 휴대폰이나 낡은 컴퓨터를 그냥 버리면 안 돼.

새 주인을 찾아 주자

티셔츠가 너무 작아서 입을 수 없게 됐어. 작년만 해도 마음에 쏙 들어 일주일에 두 번씩 입었는데 말이야. 귀여운 그림이 있어서 참 좋아했어.
동동이가 아주 좋아했던 로봇, 하지만 동동이는 이제 로봇보다 자동차가 훨씬 좋대.
이대로 두면 먼지 쌓인 채 쓸모없는 쓰레기가 되고 말겠지.
이 물건들에게 새 주인을 찾아 주자.

벼룩시장에 가 보자

누군가 아껴 주면 좋겠다는 마음이 드는 것들을 들고 벼룩시장에 나가 보자.
구청이나 시청 홈페이지를 보면 정기적으로 열리는 벼룩시장 정보를 확인할 수 있어.

어른들은 인터넷 카페나 스마트폰 앱을 통해 팔고 사기도 해.

벼룩시장에서 잘 파는 법

★ 나에게 필요 없는 것이라면 과감하게 싸게 팔자!
★ 깨끗하게 손질해서 파는 것은 기본!
★ 너무 낡거나 못 쓸 것 같은 물건은 쓰레기봉투로!

벼룩시장에서 잘 사는 법

벼룩시장은 남에게 쓸모없지만 내게 쓸모 있는 물건들을 싸게 살 수 있는 곳이기도 해. 하지만 싸다고 마구 사면 안 돼.

★ 나한테 꼭 필요한 물건인지 생각해 보자.
★ 정말 갖고 싶은지 잘 생각해 보자.

기부를 하자

동네에서 벼룩시장이 열리지 않는다고? 그렇다면 기부 용품점이나 바자회에 기부를 하자. 기부를 할 때도 원칙이 있어! 남에게 쓸모가 있는 물건인지 잘 생각해야 해. 옷은 빨아서 내고, 장난감은 깨끗하게 닦아서 보내는 게 기본!

기부할 수 있는 곳

아름다운가게

녹색장난감도서관

학교 바자회

망가진 물건을 고쳐 쓰자

조금만 손보면 더 쓸 수 있는 물건들이 있어.
고장 나거나 망가졌다고 버리지 말고 손때 묻은 물건들을 조금 더 아껴서 써 보자.
집에서 고치기 어려운 건 전문가를 찾아갈 수도 있어.
장난감이 망가졌을 때는 장난감병원에 보내서 고칠 수 있지.

고쳐 쓰기에는 생각이 필요하다

고치는 데 얼마나 많은 물건들이 필요한지 곰곰 생각해 봐야 해. 쓰레기를 만들지 않으려고 물건을 고치는 거잖아. 그런데 더 많은 쓰레기를 만든다면 얼마나 이상하겠어? 부러진 식탁 다리를 고쳐 보겠다고 새 페인트와 새 붓, 새 나무를 잔뜩 쓴다면 오히려 쓰레기가 잔뜩 나오게 될 거야.

망가진 물건을 다르게 쓰자

목 늘어난 티셔츠는 새 주인을 찾기도 어려워. 이런 쓰레기들은 어떻게 하면 좋을까? 다르게 쓰면 되지! 목 늘어난 티셔츠로 상자를 감싸서 고양이 놀이터를 만들어 보자.

집에 고양이가 없다고?

그럼 낡은 티셔츠로 가방을 만들어보면 어때?

손재주가 없어서 고민이야?

잘 접어서 걸레로 쓰는 방법도 있지. 유리창도 닦고, 먼지와 빗물이 잔뜩 묻은 창틀도 한번 닦고 버리면 좋아.

부스럭부스럭 비닐 골라내기

쓰봉이, 너 이제 정말 많이 가벼워졌구나! 이번에는 비닐을 골라내 보자. 비닐은 가볍고 질기고 물에 젖지도 않아. 그래서 음식을 비롯한 온갖 것을 싸고 담기 아주 편리해. 하지만 땅에 파묻었을 때는 아주 골칫거리가 돼. 비닐은 플라스틱만큼이나 잘 썩지 않거든. 비닐이 진짜 쓰레기와 함께 땅속으로 들어가 버리지 않도록 모으고 골라 보자.

요렇게 모인 비닐봉지는 비닐봉지라는 것을 한눈에
알아볼 수 있도록 투명한 비닐봉지에 모아서 내놓자.
바람에 날아가지 않도록 조심하고 말이야.

⚠️ 더러운 비닐봉지는 재활용하기 어려워

떡볶이 국물이 잔뜩 묻은 비닐봉지는 다시 쓸 수 없어.

깨끗한 비닐봉지는 다시 쓰자

비닐봉지는 그대로 다시 쓰는 게 가장 좋은 방법이야.
재활용 공장에서 비닐봉지를 다른 모양으로 만들려면 많은 노력이 들거든.
비닐봉지를 그대로 또 쓸 수 있게 차곡차곡 접어서 모으자. 접는 방법을 알려 줄게.

삼각형 비닐 접기

1 비닐봉지를 잘 펴.

2 반으로 접어.

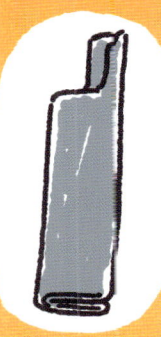

3 한 번 더 접고.

4 비닐봉지의 바닥 쪽에서 삼각형으로 올려 접어.

5 삼각형 모양이 유지되도록 계속 차곡차곡 접어.

6 손잡이를 삼각형 안으로 밀어 넣어.

요런 비닐봉지를 가방 속에 하나 넣어 두면 갑자기 넣을 물건이 잔뜩 생겼을 때 잘 쓸 수 있지.

비닐봉지, 비옷으로 변신이다!

재활용 정원을 만들자

쓰레기들을 모아서 작은 정원을 꾸며 보자. 정원을 만드는 데 필요한 도구들을 사야 하지 않냐고? 새로 살 건 아무것도 없어. 필요한 모든 도구는 쓰레기봉투 안에 있어!

우유 통으로 삽 만들기

준비물
- 1.8리터짜리 플라스틱 주스나 우유 통
- 칼과 가위

1. 통의 앞 부분을 오려 내면 멋진 삽이 돼.

☆!위험!

2. 칼을 사용할 때는 반드시 어른의 도움을 받자. 플라스틱을 오리다가 손을 다칠 수 있어.

화분 만들기

뭘 심을까?

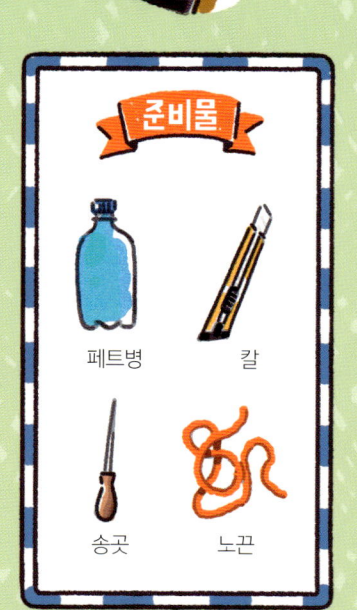

준비물
- 페트병
- 칼
- 송곳
- 노끈

1 페트병의 몸통 부분을 그림과 같이 오려 내.

2 페트병의 바닥에 송곳으로 구멍을 뚫어.

3 노끈으로 페트병의 주둥이와 바닥의 구멍에 실을 꿰면 매달 수 있는 화분이 돼.

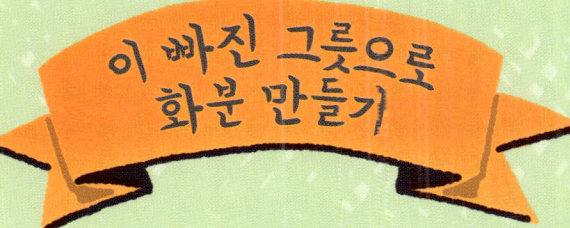

이 빠진 그릇으로 화분 만들기

흙에 우리 집 지렁이가 만든 분변토를 섞어 주면 식물이 좋아해. 빨리 자라는 상추나 허브 씨앗을 사서 심자.

준비물
- 세숫대야
- 물
- 드라이버
- 망치
- 이 빠진 냉면 그릇이나 라면 그릇

물속에서 구멍을 내야 그릇이 깨지지 않아.

1 세숫대야에 그릇을 엎어 놓아.

2 그릇이 잠길 정도로 세숫대야에 물을 부어.

3 그릇의 밑바닥 한가운데에 드라이버를 대고 망치로 톡 쳐.

4 구멍 뚫린 그릇에 흙을 담으면 화분 완성!

그냥 버리면 큰일 나

쓸 수 있는 것들을 골라내고 고칠 수 있는 것을 고쳐 쓰고,
나에게 필요 없는 것들은 새 주인을 찾아 주었어.
이제 정말 쓰레기만 남았을까? 아직 아니야!
다시 쓸 수는 없지만 그냥 버리면 큰일 나는 것들이 있어.

약

약에도 유통 기한이 있어. 게다가 병원에서 처방 받은 약은 그때그때 증세에 맞게 지은 것이야. 그러니 오래된 약을 함부로 먹으면 곤란해. 약에 들어 있는 화학 물질을 그냥 파묻으면 땅속 생물에게 해로워. 약은 잘 모아 두었다가 집 근처 약국의 약 수거함에 넣자.

다 쓴 배터리

배터리 속에는 수은이나 카드뮴 같은 중금속이 들어 있어. 아파트나 공공 도서관에 가면 폐건전지 수거함이 있으니 거기다 모으자.

정말 버려야 하는 쓰레기

위험한 것, 다시 쓸 수 없는 것까지 골라냈더니 이제 정말 쓰레기만 남았어.
쓰봉이와 함께 떠나보내야 할 진짜 쓰레기지.

가구들은 어떻게 해?

이렇게 커다랗고 무거운 쓰레기들은 쓰붕이랑 함께 갈 수 없어.
동네 주민 센터에 가서 쓰레기의 종류에 따라서 정해진 돈을
내고 스티커를 받아서 붙인 다음 밖에다 내놓아야 해.

쓰봉아, 안녕

이제 정말 쓰레기만 담긴 쓰봉이랑 헤어져야 할 시간이야.
하지만 그 전에 쓰봉이는 시커먼 비닐봉지 대신에 새 옷을 입어야 한단다.
바로 **쓰레기 종량제 봉투**!

쓰봉이의 새 옷 입기

나 어때?

나한테도 관심 좀…

종량제 쓰레기봉투는 슈퍼마켓이나 편의점에서 파는 것을 사야 해. 이 마크가 붙어 있는 상점에 가면 살 수 있어.

헉! 쓰레기봉투가 너무 비싸!

비닐봉지 값 말고도 무거운 쓰레기를 옮기는 비용, 타는 쓰레기와 안 타는 쓰레기를 골라내는 데 드는 비용이 포함되어 있기 때문이야. 쓰레기를 줄이면 줄일수록 쓰레기봉투를 적게 쓰니 돈이 적게 들지!

"동네마다 달라."

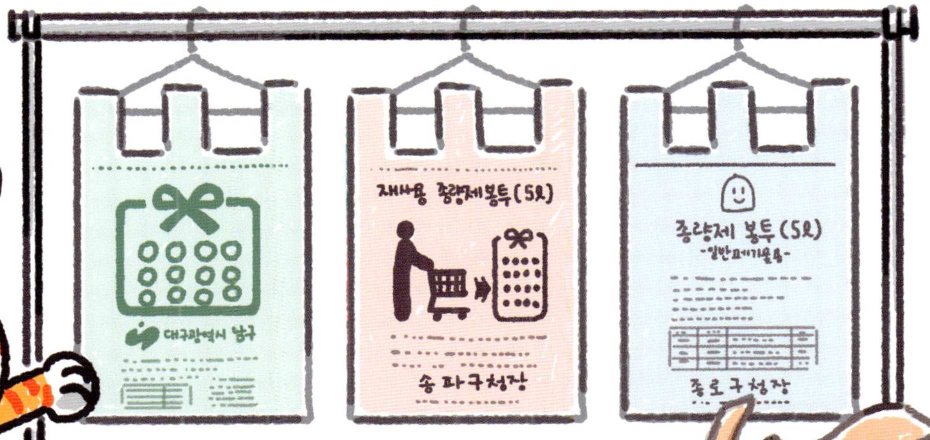

동네마다 정해진 종량제 봉투가 각각 달라.
봉투에 쓰여 있는 지역 표시를 잘 읽고
우리 지역에서 쓸 수 있는 봉투인지 확인해야 해.

"나 정말 산뜻하지?"

쓰봉이는 우리가 처음 만났을 때보다 훨씬 작아졌어.
이제 우리가 헤어져야 할 시간이야. 종량제 봉투 옷을 입은
쓰봉이는 해가 진 다음 집 근처 쓰레기 내놓는 곳으로 가야 해.
동네마다 쓰레기를 가져가는 날이 다르니까 주민 센터에 물어보자.

쓰레기는 언제 어디로 갈까

깜깜한 밤이나 새벽에 쓰레기를 수거하는
자동차가 와서 종량제 봉투에 담긴
쓰레기를 실어 가.

자원 회수 시설에 도착한
쓰레기를 태워. 쓰레기를
태울 때 우리 눈에 보이지
않는 해로운 물질이 나와.
그래서 자원 회수 시설에는
특별한 장치가 되어 있어.

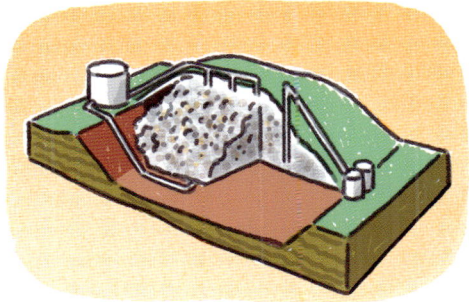

매립지에 쓰레기를 묻어.
쓰레기가 자연적으로
분해되기 시작하면 더러운
물과 가스가 흘러나와.
매립지에는 이런 물질을
처리할 수 있는 시설이
되어 있어.

물건을 사기 전에 버리는 일 생각하기

쓰레기를 버리는 일도 참 쉽지 않아. 돈도 들고 힘도 들지.

쓰레기를 줄이고 줄여도 태우고 파묻을 때 해로운 물질이 나온다니 놀랍지?

그러니 쓰레기를 아예 만들지 않는 게 제일 좋아.

쓰레기를 만들지 않으려면 물건을 살 때부터 잘 생각해야 돼.

이 물건이 얼마나 많은 쓰레기를 만들지 말이야.

24색 물감이 나한테 꼭 필요할까? 나중에 빈 물감통 쓰레기가 24개 나오겠지.

12색깔 물감을 사는 건 어때? 12색깔 물감을 섞고 섞으면 24색보다
훨씬 여러 가지 색이 나올 거야.

새 공책이 꼭 필요할까? 앞 장만 쓴 공책들, 수많은 연필과 지우개들,
언제 다 쓸 수 있을까?

쓰레기를 줄이는 물건 사기

일회용 대신 여러 번 쓸 수 있는 물건을 사기

코 풀 때 손수건 쓰기, 물티슈 대신에 걸레와 행주 쓰기, 일회용 젓가락 대신 쇠젓가락 쓰기. 스티로폼 도시락 통 대신 예쁜 도시락 통 쓰기

리필제품 사기

매번 플라스틱 통을 사지 말자. 내용물만 파는 리필제품을 사자. 쓰레기를 훨씬 적게 만들 수 있어.

한 번 사면 오래 쓸 수 있는 물건 사기

일 년 동안 몸도 발도 쑥쑥 커 버리는 우리들. 맘에 드는 옷이 생겼다고 잔뜩 사야 할까? 내 맘이 바뀌면 그때그때 새롭게 꾸밀 수 있는 단정하고 튼튼한 가방을 사 보자.

특별한 마크가 붙어 있는 물건 사기

이런 마크가 붙어 있는 물건들을 사자.

"잘 기억해 둬!"

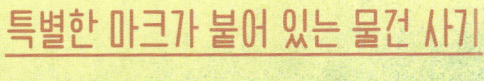

"재활용 종이로 만든 책이란 뜻이야."

"재활용품으로 만든 물건이란 뜻이야."

"석유가 아니라 옥수수 같은 재료를 써서 만든 플라스틱이야. 땅속에서 빨리 분해돼."

댕댕, 동동, 치즈야 안녕? 나 쓰봉이야.
너희들이랑 헤어졌을 때 정말 슬펐어.
캄캄한 밤에 덜컹덜컹 어디론가 실려 가서 땅으로 주르륵 쏟아졌거든.
내 몸 위로 흙이 덮여서 주위가 깜깜해졌을 때는 눈물이 났지 뭐야.
언젠가 내 쓰레기가 완전히 썩어서 흙이 되면
꽃과 나무를 키울 수 있대. 그 위에서 너희들이 뛰어놀 수 있겠지.
그러면 우리는 다시 만나는 거야.

신기하게도 내가 이곳에 가지고 온 쓰레기들은
너희랑 헤어졌을 때보다 훨씬 작아졌단다.
날마다 땅속 지렁이와 미생물 같은 친구들이 아주 조금씩 내 쓰레기들을
조그맣게 만들어 줘. 어제는 다른 기쁜 얘기도 들었어.
잘 썩는 쓰레기들이 썩을 때 나오는 뿡뿡 가스도 쓸모가 많대.
이건 다 너희들이 썩지 않는 플라스틱과 유리병, 비닐 들을
잘 골라내 준 덕분이야. 다른 쓰레기 친구들도
다시 태어날 수 있게 도와줄 거지?